mamã

anne

papá

baba

menino

oğlan

menina

kız

1

um

bir

2

dois

iki

3

três

üç

4

quatro

dört

5

cinco

beş

6

seis

altı

7

sete

yedi

8

oito

sekiz

9 

nove

dokuz

10 

dez

on

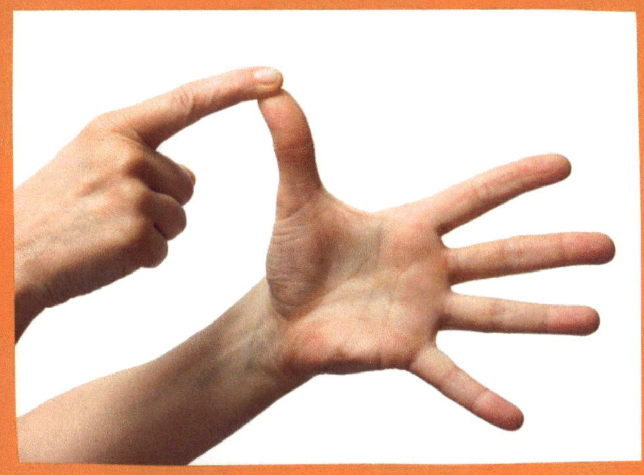

contar

saymak

escrever

yazmak

desenhar

çizmek

pintar

boyamak

círculo

daire

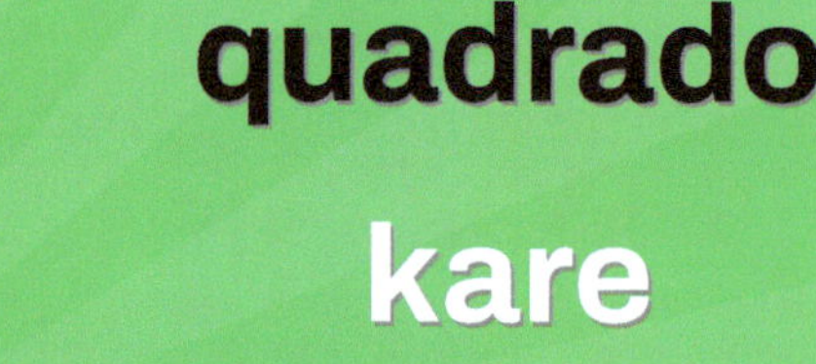

quadrado

kare

retângulo

dikdörtgen

triângulo

üçgen

estrela

yıldız

preto

siyah

branco

beyaz

castanho

kahverengi

vermelho

azul

amarelo

verde

roxo

mor

cinzento

gri

laranja

turuncu

rosa

pembe

maçã

elma

banana

muz

ananás

ananas

melancia

karpuz

pera

armut

uvas

üzüm

manga

mango

pêssego

şeftali

morango

çilek

cereja

kiraz

laranja

portakal

coco

hindistan cevizi

limão

limon

cogumelo

mantar

milho

mısır

tomate

domates

abóbora

bal kabağı

pepino

salatalık

cenoura

havuç

batata

patates

curgete

kabak

espinafre

ıspanak

couve-flor

karnabahar

ovo

yumurta

prato

tabak

colher

kaşık

faca

bıçak

garfo

çatal

bolo

pasta

biberão

biberon

doces

şekerler

queijo

peynir

beber

içmek

comer

yemek

quente

sıcak

frio

soğuk

pequeno

küçük

grande

büyük

 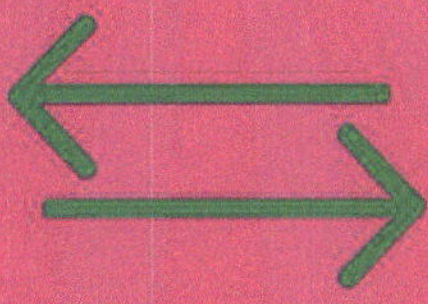

curto

kısa

longo

uzun

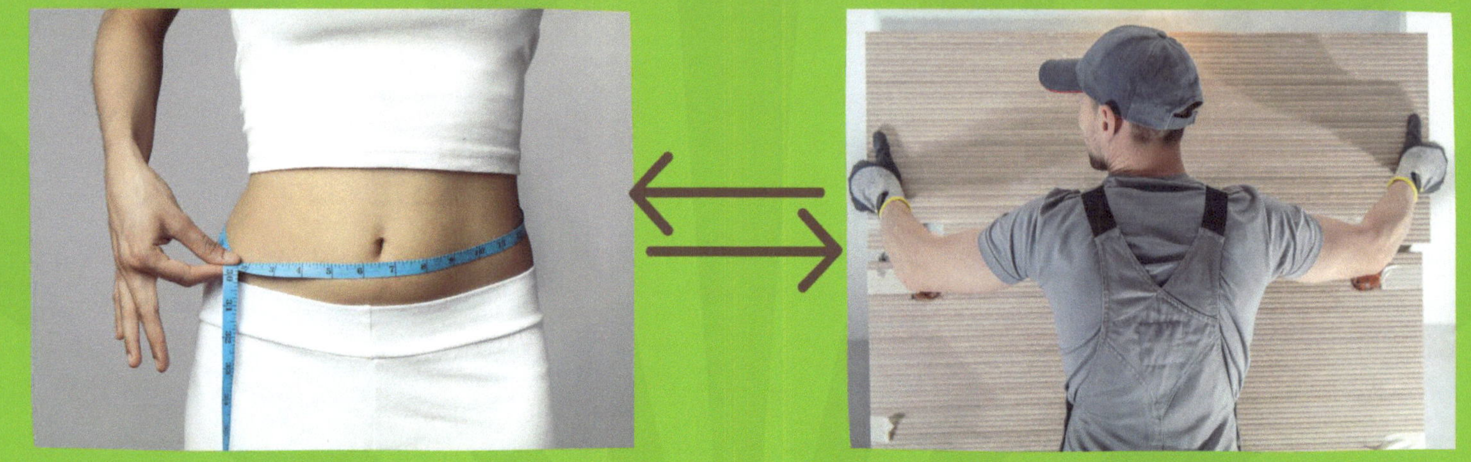

fino

ince

grande

geniş

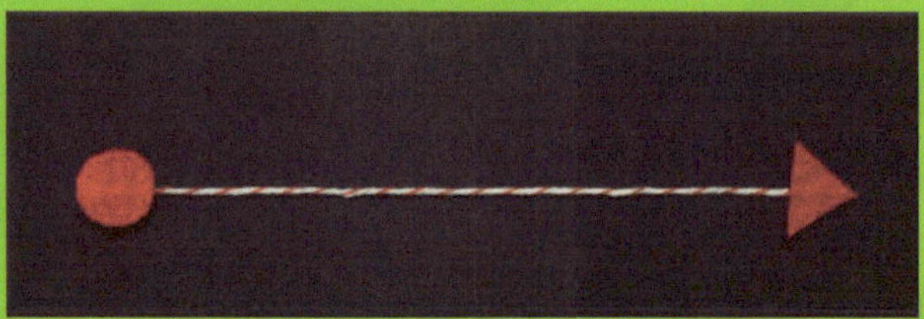

fácil

kolay

difícil

zor

levantar-se

ayağa kalkmak

sentar-se

oturmak

doce

tatlı

salgado

tuzlu

pesado

ağır

leve

hafif

dentro

içinde

fora

dışında

sujo

kirli

limpo

temiz

fechar

kapalı

abrir

açık

lápis

kalemler

relógio

saat

chave

anahtar

livro

kitap

cama

yatak

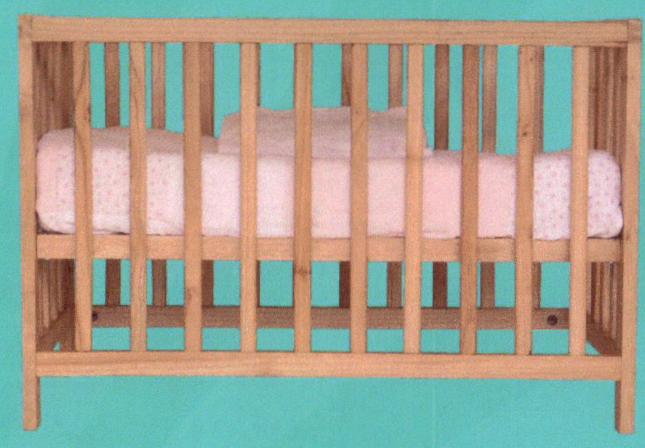

berço

beşik

mesa

masa

cadeira

sandalye

carro
araba

bicicleta
bisiklet

avião

uçak

barco

tekne

comboio

tren

helicóptero

helikopter

camião dos bombeiros

itfaiye arabası

bombeiro

itfaiyeci

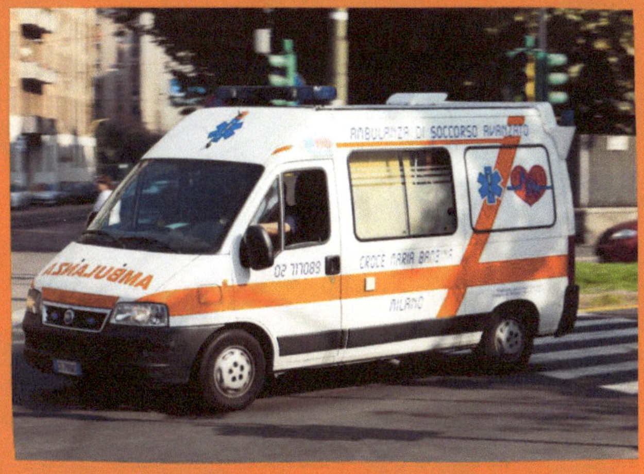

ambulância

ambulans

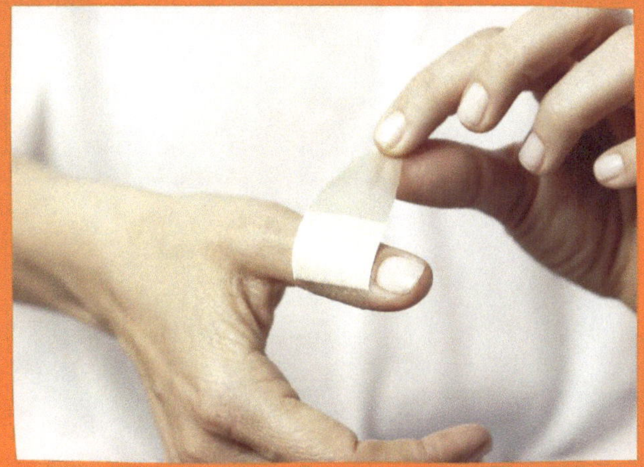

ligadura

sargı

paramédico

sağlık görevlileri

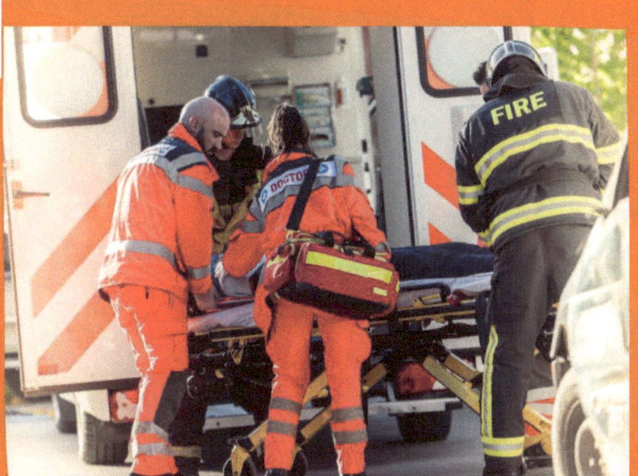

equipa de resgate

kurtarma ekibi

floresta

orman

montanha

dağ

relva

çimen

areia

kum

árvore

ağaç

flor

çiçek

borboleta

kelebek

formiga

karınca

gato

kedi

cão

köpek

cavalo

at

rato

fare

vaca

inek

porco

domuz

ovelha

koyun

pato

ördek

ganso

kaz

coelho

tavşan

peixe

balık

veterinário

veteriner

médico

doktor

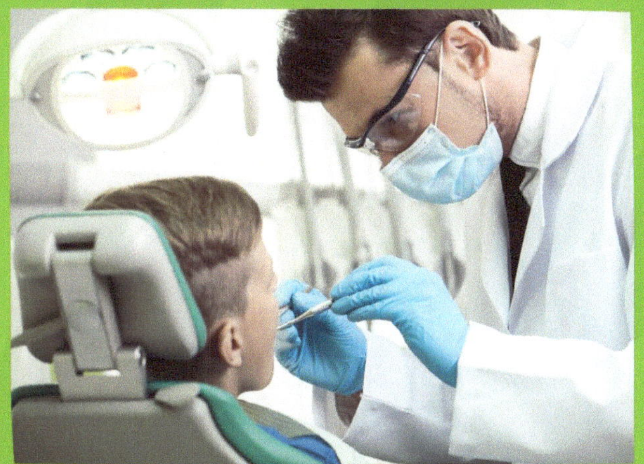

dentista

diş hekimi

farmacêutico

eczacı

enfermeira

hemşire

cabeça

kafa

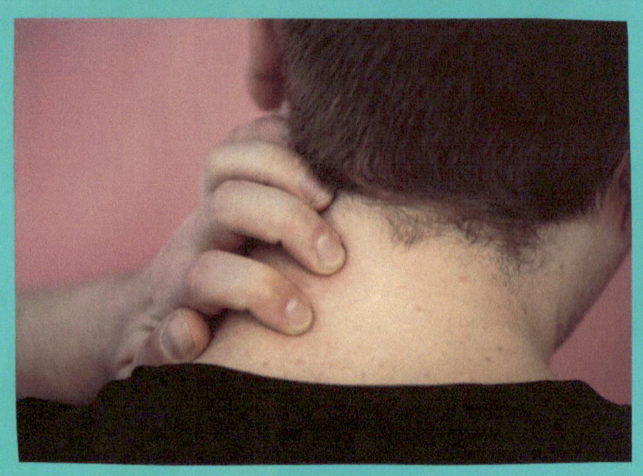

pescoço

boyun

pé

ayak

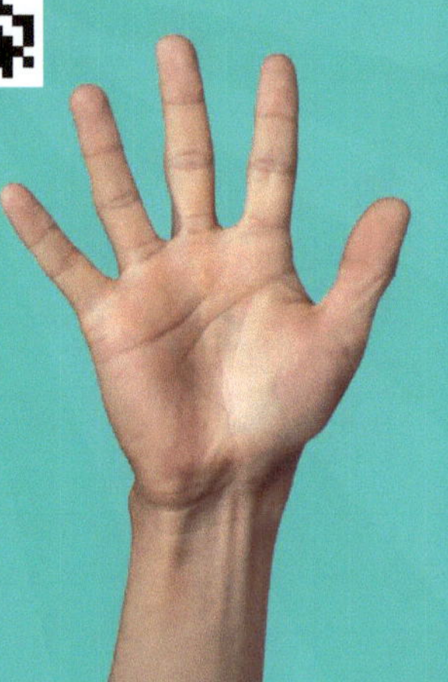

mão

el

dentes

dişler

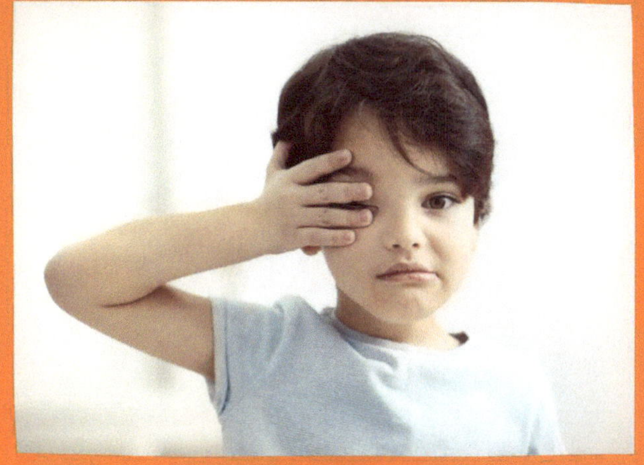

olho

göz

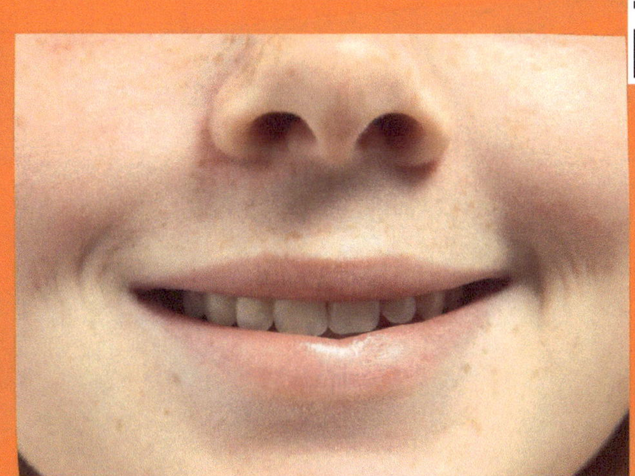

boca

ağız

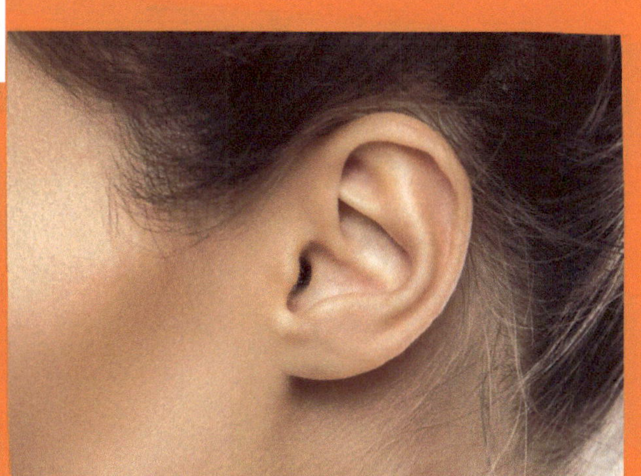

orelha

kulak

chapéu

şapka

vestido

elbise

calças

pantolon

sapatos

ayakkabı

casaco

palto

cachecol

atkı

guarda-chuva

şemsiye

óculos

gözlük

sol
güneş

nublado
bulutlu

chuvoso
yağmurlu

lua
ay

www.ingramcontent.com/pod-product-compliance
Lightning Source LLC
Chambersburg PA
CBHW041607110726
48005CB00002B/325